El Sol

por Ruth Renolo

PEARSON
Scott
Foresman

DK

Lo que ya sabes

El Sol da luz y calor a la Tierra. Los seres vivos necesitan luz y calor para vivir y crecer. El Sol es una estrella. Las estrellas son enormes bolas de gas caliente.

El Sol es más grande que la Tierra. La Tierra se mueve alrededor del Sol. También da vueltas y vueltas. Esto se llama rotación. La Tierra completa una rotación cada día. La rotación causa que haya día y noche. Es de día cuando un lado de la Tierra está de cara al Sol.

La Tierra es un planeta. Se mueve alrededor del Sol. Otros planetas hacen lo mismo. Los planetas no dan luz como las estrellas. Podemos ver los planetas que están muy lejos con telescopios.

La Luna se mueve alrededor de la Tierra. Casi siempre vemos la Luna de noche. En la Luna no hay aire, plantas ni animales. Vemos la parte de la Luna que el Sol ilumina. Cada noche la Luna se ve diferente. La Luna se ve de la misma manera cada veintinueve días, más o menos.

Las cosas en el espacio nos parecen pequeñas porque están muy lejos. El Sol se ve pequeño, pero no lo es. Sigue leyendo y aprenderás más sobre el Sol y por qué es tan importante para la Tierra.

El Sol

El Sol es una enorme bola de gas caliente. Es la estrella más cercana a la Tierra. El Sol y la Tierra están en el mismo sistema solar. El Sol está en el centro. Todas las cosas del sistema solar se mueven alrededor del Sol.

El Sol es muy importante para nuestro planeta.

La Tierra está a la distancia perfecta del Sol. No está tan lejos. Su luz se siente cálida, pero no es demasiado caliente. El Sol evita que la Tierra esté fría y a oscuras todo el tiempo. Nada podría vivir aquí sin la luz que nos llega del Sol a través del espacio.

El Sol da luz

La luz del Sol es muy fuerte. Produce mucho calor. Demasiada luz del Sol puede ser peligrosa. Debemos protegernos la piel y los ojos del Sol.

Durante el día podemos ver la fuerte luz del Sol. ¿Pero sabías que también la vemos de noche? La Luna brilla de noche porque la luz del Sol rebota en ella.

La ropa, los sombreros y las gafas de sol protegen a las personas del Sol.

La Tierra estaría
a oscuras sin el Sol.

Día y noche

La Tierra siempre está en movimiento. Da vueltas y vueltas mientras se mueve alrededor del Sol. El Sol ilumina un lado de la Tierra a la vez. El lado de cara al Sol tiene luz. El lado opuesto está a oscuras.

Es de día en el lado donde hay luz. Es de noche en el lado que está a oscuras. Después, la Tierra se mueve. La noche se convierte en día y el día en noche. El Sol no se va durante la noche. Está dando luz al otro lado de la Tierra. ¡Pero no lo podemos ver!

En un lado de la Tierra es de día mientras en el otro es de noche.

El Sol da calor

La luz del Sol produce calor cuando brilla sobre algo. Así es que el Sol calienta la Tierra.

En algunos lugares de la Tierra se siente más el calor de la luz del Sol que en otros.

Mucha gente va a la playa cuando hace calor.

La forma curva de la Tierra hace que los rayos del Sol choquen de distintas maneras en diferentes lugares. Los rayos chocan directamente con el medio de la Tierra. En esos lugares hace mucho calor. Los rayos no llegan directamente a los extremos de arriba y de abajo. En esos lugares hace mucho frío.

El Sol da energía

Las plantas usan la luz y del Sol. La usan para vivir, crecer y hacer su propio alimento. Otros seres vivos no pueden hacer su propio alimento. Esos otros seres vivos comen plantas para obtener energía. Algunos también pueden obtener energía cuando comen animales que han comido plantas. Las plantas dan energía del Sol a otros seres vivos.

Este girasol obtiene energía del Sol.

El Sol es el centro

Nuestro planeta sería un lugar muy diferente sin la luz de esta estrella tan importante. Todos los seres vivos de la Tierra necesitan el Sol. Es el centro de nuestro sistema solar.

A veces no podemos ver el Sol en el cielo.
Pero sabemos que está siempre allí. También
sabemos que los seres en la Tierra vivirán
y crecerán porque el Sol está allí.

Glosario

centro   la parte que está en el medio de algo

curva   línea que no tiene una parte recta

espacio   el área que rodea la Tierra

rebotar   volver hacia atrás después de chocar contra algo

sistema solar   el Sol y todos los planetas, las lunas y otros objetos que giran a su alrededor